Fiche de lecture

Document rédigé par Julie Mestrot
docteure en philosophie
(Université Paris VIII – Saint-Denis)

Qu'est-ce que la littérature ?

Jean-Paul Sartre

lePetitLittéraire.fr

10 % DE RÉDUCTION SUR www.lePetitLittéraire.fr

Rendez-vous sur lePetitLittéraire.fr et découvrez :

- plus de 1200 analyses
- claires et synthétiques
- téléchargeables en 30 secondes
- à imprimer chez soi

Code promo : LPL-PRINT-10

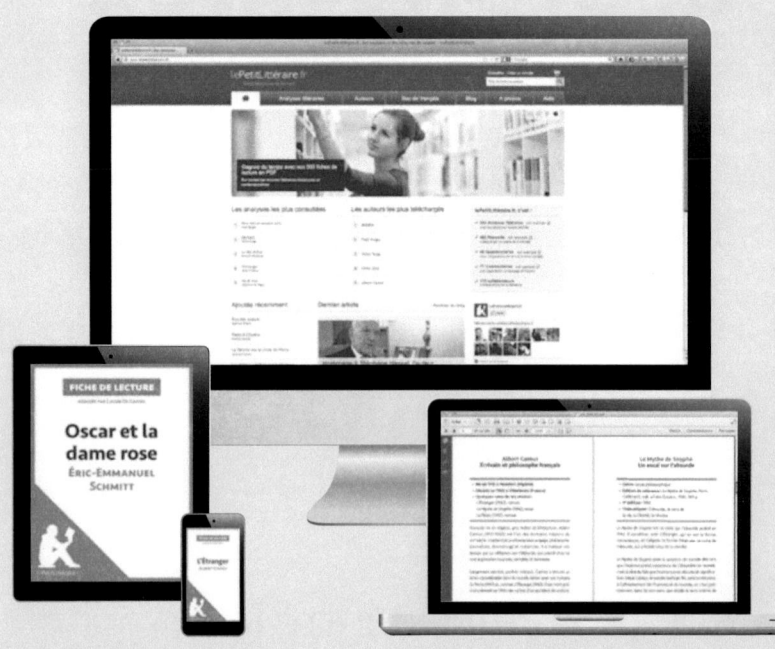

RÉSUMÉ   **6**

CLÉS DE LECTURE   **13**

Un texte argumentatif

La démarche du matérialisme historique

Existentialisme et littérature

PISTES DE RÉFLEXION   **20**

POUR ALLER PLUS LOIN   **21**

Jean-Paul Sartre
Écrivain et intellectuel français

- **Né en 1905 à Paris**
- **Décédé en 1980 dans la même ville**
- **Quelques-unes de ses œuvres :**
  - *La Nausée* (1938), roman
  - *Huis clos* (1944), pièce de théâtre
  - *L'existentialisme est un humanisme* (1946), essai philosophique

Jean-Paul Sartre est un écrivain et un philosophe français né en 1905 à Paris et mort en 1980. Célébré en même temps que rejeté pour sa pensée existentialiste, il est l'auteur de plusieurs essais comme *L'Être et le Néant* (1943) ou *L'existentialisme est un humanisme* (1946).

Il a également écrit de nombreux textes littéraires dans lesquels se déploient avec force sa philosophie et sa définition de la littérature : *La Nausée*, roman publié en 1938, *Les Mouches*, pièce de théâtre parue en 1943, ou encore *Huis clos*, édité en 1944. En 1964, il refuse le prix Nobel de la littérature et publie *Les Mots*, un récit autobiographique sur sa jeunesse. Connu aussi comme le compagnon de Simone de Beauvoir (femme de lettres française, 1908-1986), Sartre a marqué les esprits tant par son activité d'écrivain que par son engagement politique d'extrême gauche.

Qu'est-ce que la littérature ?
Une nouvelle vision de la littérature

- **Genre :** essai philosophique
- **Édition de référence :** *Qu'est-ce que la littérature ?*, Paris, Gallimard, coll. « Folio essais », 1948, 307 p.
- **1re édition :** 1947
- **Thématiques :** littérature, auteur, lecteur, public, société, politique, inégalité

Qu'est-ce que la littérature ?, essai rédigé en 1947, est publié la même année en plusieurs parties dans la revue *Les Temps modernes*, que Sartre a fondée en 1945. En 1948, Gallimard publie l'ensemble de l'essai dans le volume *Situations II*. Cet ouvrage est caractéristique de la geste sartrienne. Il s'agit d'une défense polémique de la littérature engagée. Sa démarche, authentiquement philosophique, consiste à comprendre la littérature dans une perspective politique. Sartre y prolonge sa critique des inégalités et y affirme les valeurs existentialistes de liberté et de responsabilité.

RÉSUMÉ

Sartre a divisé cet ouvrage en quatre parties : « Qu'est-ce qu'écrire ? », « Pourquoi écrire ? », « Pour qui écrit-on ? » et « La situation de l'écrivain en 1947 ».

Il présente son essai comme une réponse faite à ses détracteurs. Selon ces derniers, la littérature authentique est affranchie de la politique, ne doit viser d'autre but qu'elle-même et ne saurait donc être engagée. Sartre se propose de répondre à cette affirmation qu'il récuse par avance. Ainsi, à l'opposé de ses adversaires, Sartre soutient l'idée que l'écrivain est engagé.

LA LITTÉRATURE DÉPEND DU LECTEUR

Pour appuyer sa thèse, il utilise une argumentation où le lecteur occupe une place centrale. En effet, il pense que le livre n'existe pas sans l'acte de lecture, qu'il est le résultat d'une décision de l'auteur de communiquer quelque chose à quelqu'un (« L'écrivain a choisi de dévoiler le monde et singulièrement l'homme aux autres hommes pour que ceux-ci prennent en face de l'objet ainsi mis à nu leur entière responsabilité. », p. 29). Si le but que vise l'écrivain est de délivrer un message à un destinataire, il faut donc considérer que le lecteur participe à la création de l'œuvre. L'œuvre littéraire peut ainsi se définir comme un « appel » fait au lecteur, à ce qu'il collabore à la création de l'ouvrage, à ce qu'il s'engage librement dans l'œuvre. L'œuvre littéraire n'existe qu'à la conjonction de l'activité de l'auteur et du lecteur, qu'autour d'une sorte de « pacte de générosité » (p. 62) où chacun reconnait la liberté que l'autre engage.

Le plaisir, ou la « joie esthétique », résulte de ce double don du lecteur et de l'auteur, en particulier pour le lecteur du fait que l'auteur lui donne dans l'œuvre un monde qui s'offre à sa liberté. Mais surtout l'impératif esthétique est en même temps impératif moral. Dans l'acte de lecture, le lecteur reçoit et recrée l'œuvre en tant qu'homme libre : il est désormais obligé de prendre position dans le réel, à la lumière de ce que l'auteur lui a dévoilé. L'œuvre engage le lecteur à assumer sa responsabilité face au monde qui se présente à lui. Ainsi, « l'écrivain, homme libre s'adressant à des hommes libres, n'a qu'un seul sujet : la liberté » (p. 70). Écrire est par essence exercer sa liberté et vouloir la liberté, notamment celle du lecteur. Une œuvre littéraire au sens strict ne saurait vouloir l'asservissement, ni s'adresser à un public assujetti.

Si seul le message transmis compte et donc si « la prose est utilitaire par essence » (p. 25), alors la question de la beauté, notamment celle du style, est secondaire : les artifices rhétoriques concourent à la persuasion du lecteur. La beauté du texte succède à l'idée, à l'intention qui préside à l'acte d'écrire. Le langage est donc considéré comme un moyen et non comme une fin.

UN ENGAGEMENT LIÉ À L'HISTOIRE

Sartre pense que la littérature n'est pas atemporelle, mais s'ancre bien dans l'époque où elle nait : l'auteur s'adresse à des individus « historiquement situés », caractérisés par un ensemble de déterminations historiques, sociales, géographiques, etc. Dès lors, si l'œuvre n'existe que dans et par la collaboration du lecteur et de l'auteur, elle se caractérise d'abord et surtout par son lecteur : « Chaque livre propose une libération concrète à partir d'une aliénation particulière. » (p. 78) Aliénation qui apparait sous diverses formes selon l'époque dans laquelle on se trouve. L'écrivain a donc un rôle politique : il dévoile la société, il place son public devant un choix, celui d'assumer la société telle qu'elle est ou tenter de la changer.

De plus, Sartre distingue deux publics, qui sont en opposition : le public réel, composé des forces conservatrices de la société ; le public virtuel, composé des forces progressistes.

Pour prouver cette conception, Sartre retrace une histoire de la littérature en envisageant les œuvres en fonction de leur public.

- Au Moyen Âge, les écrivains sont des clercs s'adressant uniquement à d'autres clercs : ils ont donc un public réel et pas de public virtuel. Leur sujet est le spirituel et leurs œuvres visent surtout à maintenir l'ordre établi par l'Église. Sartre pose donc que la littérature est aliénée (à l'Église) et abstraite (elle ne dévoile rien de l'existence concrète des hommes, mais discute ou magnifie uniquement ce qui est du domaine du spirituel).
- Au XVIIe siècle, l'écrivain appartient à l'élite et son public est seulement composé de l'élite, de l'aristocratie : là encore, le public est uniquement réel.

Toutefois, la littérature est en voie de laïcisation et son sujet devient concret : il s'agit de donner une image de l'élite. La littérature est en outre moralisatrice. Même si elle ne conteste pas l'ordre établi, elle est instrument de libération en ce qu'elle permet à l'élite d'examiner ses propres passions. Cette littérature est donc concrète (puisqu'elle représente la psychologie de l'élite), mais reste aliénée (car elle ne s'adresse qu'à cette élite qu'elle défend).

- Le XVIIIe siècle constitue aux yeux de Sartre un tournant majeur de la littérature. Pour la première fois, l'écrivain a deux publics : l'aristocratie décadente et la bourgeoisie montante. L'écrivain, obligé de dépasser cette opposition, s'identifie à ce que Sartre nomme l'esprit universel : il est celui qui exerce sa pensée critique en dévoilant à la noblesse sa décadence et en donnant à la bourgeoisie les moyens de contester l'ordre établi. Cette littérature est donc libre ou autonome, mais abstraite (car elle peint l'homme universel). Surtout, elle correspond pour Sartre au moment de la négativité, c'est-à-dire au moment de la critique.

- La première partie du XIXe siècle est une période de recul. L'écrivain appartient à la bourgeoisie et n'écrit que pour la bourgeoisie : la littérature ne conteste pas l'idéologie bourgeoise désormais dominante. Dans la deuxième partie du XIXe siècle, l'écrivain bourgeois écrit pour la bourgeoisie, tout en la critiquant. L'écrivain, comme son public, a une « conscience malheureuse », ne s'assume pas lui-même. Pour en sortir, la littérature devient alors abstraite (l'art pour l'art, le surréalisme) et vise un absolu. Elle devient un acte gratuit et inoffensif dont l'écrivain n'est plus responsable. Totalement abstraite, la littérature n'a plus aucun lien avec la société.

- Le XXe siècle se compose de différentes catégories d'écrivains :
  - la première génération, qui commence à écrire avant 1914, se compose de bourgeois, de possédants qui ne vivent pas de la littérature. Elle se donne pour tâche la réconciliation de l'écrivain avec son public bourgeois ;
  - la deuxième génération est celle des surréalistes déjà évoqués. Ceux-ci s'efforcent de nier le réel aussi bien que la subjectivité ;
  - la troisième et dernière génération, celle de Sartre, commence à écrire juste avant la guerre. Cette littérature est obligée, par la menace constante de la mort et de la souffrance, de s'inscrire dans l'histoire, de devenir concrète. Elle montre la nécessité de l'action (de la praxis) et, enfin, elle cherche à prouver que l'*on est que ce que l'on fait* (thèse majeure de l'existentialisme). Sartre montre toutefois que pour devenir totale, la littérature doit être à la fois construction et négativité, praxis et hexis. Ce que Sartre appelle « littérature totale » serait une littérature s'adressant à tous, qui aurait pour thème la totalité de la condition humaine et serait appel au changement perpétuel. Cette littérature existerait dans une société idéale, où publics virtuel et réel coïncideraient.

L'ÉCRIVAIN DE LA TROISIÈME GÉNÉRATION ET LE RISQUE DE PROPAGANDE

En 1947 (date de publication de *Qu'est-ce que la littérature ?*), le monde est déchiré entre capitalisme et communisme. L'écrivain doit donc s'adresser aux deux publics concernés : à la bourgeoisie, dont les valeurs se sont effondrées (public réel) et au prolétariat, qui a davantage accès à la culture qu'auparavant (public virtuel).

Cependant, en ce qui concerne le public virtuel, un problème se pose : le prolétariat est étroitement encadré par le parti communiste ; pour s'adresser à lui, il faut donc en passer par le parti. Un danger pour l'écrivain et la littérature se profile à l'horizon : celui-ci court le risque de faire de la littérature un outil de propagande et non plus une activité libre. Sartre dresse alors une suite de prescriptions à l'écrivain de son époque. Celui-ci doit :

- recenser ses lecteurs virtuels : la petite bourgeoisie et le prolétariat, toutefois difficilement accessibles ;
- trouver un moyen de toucher le public virtuel, en écrivant pour les mass médias, de sorte à créer chez ce public « un besoin de lire » ;
- tâcher d'unifier son public virtuel et son public réel en une communauté de lecteurs, autour de revendications communes. Or son public réel ne croit plus qu'à l'action morale, ponctuelle et individuelle. Le public opprimé vise au contraire l'action politique

et collective, et l'amélioration de ses conditions matérielles. L'écrivain déchiré entre ces deux publics doit donc montrer comment concilier l'action morale individuelle et la « révolution socialiste ».

Ainsi, comme au XVIIIe siècle, l'écrivain doit faire la synthèse de la négativité et de la construction, de la critique et de l'action, en s'adressant à un double public virtuel et réel. C'est seulement de cette façon que la littérature réalisera cet impératif moral qui est le sien : être une activité libre, s'adressant à des hommes libres pour réaliser le changement.

CLÉS DE LECTURE

UN TEXTE ARGUMENTATIF

Qu'est-ce que la littérature ? est un texte au statut difficile à définir de façon univoque. D'une part, il s'agit d'un texte philosophique obéissant à une exigence d'objectivité et de scientificité ; d'autre part, il s'agit d'un texte engagé, orienté vers un but. À n'en pas douter, il faut reconnaitre là la grande cohérence de la démarche sartrienne : une adéquation entre le fond et la forme du texte. Sartre en effet – c'est sa thèse – ne conçoit de littérature qu'engagée.

Qu'est-ce que la littérature ? n'est pas à proprement parler un essai. Un essai est d'abord l'expression d'une subjectivité, l'énonciateur se mettant clairement en scène. Davantage intuition réfléchie que démonstration rigoureuse, à mi-chemin entre littérature et philosophie, l'essai vise autant à convaincre qu'à persuader et offre le caractère d'une pensée libre qui vagabonde. *Qu'est-ce que la littérature ?* a au contraire toutes les caractéristiques d'une réflexion aboutie, ordonnée à une logique démonstrative et à une volonté de cerner précisément et complètement son sujet. En outre, *Qu'est-ce que la littérature ?* ne se présente jamais (sauf dans le préambule) comme l'expression d'une subjectivité : au contraire, son énonciateur se place au point de vue de l'universel.

Ce texte se donne donc à lire comme une démonstration philosophique : Sartre y livre un raisonnement extrêmement rigoureux qui se développe selon une démarche logicodéductive. Chaque concept est précisément défini, chaque hypothèse examinée. La structure même du texte obéit à la logique d'une démonstration, chaque partie appelant nécessairement la suivante.

Cependant, le lecteur ne manquera pas de voir apparaitre, de façon ambigüe, une dimension polémique et politique, qui contribue à inscrire *Qu'est-ce que la littérature ?* dans un contexte spécifique d'énonciation et de réception. En effet, si l'énonciateur se donne d'abord comme sujet l'universel et efface toutes les traces de sa propre subjectivité, il recouvre cette dimension subjective dans la troisième partie avec l'utilisation de la première personne du pluriel (« nous ») désignant les écrivains de sa génération, dans lesquels Sartre s'inclut. Surtout, en dépit de l'exigence d'objectivité et de scientificité du texte, plus que l'énonciateur, c'est le lecteur supposé du texte qui apparait comme historiquement situé : il s'agit d'un lecteur contemporain à l'écriture du texte, un lecteur lui-même appelé à s'engager politiquement et socialement dans une critique de son temps et dans la construction d'une société sans classes. De ce point de vue, *Qu'est-ce que la littérature ?* est une argumentation qui peut être considérée comme une théorie de la littérature.

LA DÉMARCHE DU MATÉRIALISME HISTORIQUE

Le concept de matérialisme historique est tiré de la philosophie de Karl Marx (philosophe politique allemand, 1818-1883). Il convient bien pour définir le point de vue de Sartre sur la littérature. Le matérialisme historique consiste en une méthode générale d'explication des faits humains par la prise en considération de leurs caractéristiques matérielles, concrètes, et de leurs déterminations historiques. D'un point de vue philosophique, cette démarche va à l'encontre d'une compréhension idéaliste de l'homme, qui voudrait déceler en lui des traits universels, anhistoriques ou intemporels.

> **BON À SAVOIR**
>
> La société communiste est, selon Marx, une société sans classes, où toutes les distinctions sociales seraient abolies et où il n'y aurait plus ni d'opprimés ni d'oppresseurs. Marx pense qu'une telle société devrait voir le jour grâce au renversement de l'ordre bourgeois par le prolétariat. Y serait instaurée une égalité économique et sociale totale entre les hommes. Dans une telle société, l'État aussi disparaitrait, puisque celui-ci n'est que l'instrument d'exploitation d'une classe par une autre.

Cette démarche matérialiste est celle qu'adopte Sartre : il s'en explique dans les deux premiers chapitres et l'applique dans les deux derniers. En effet, au chapitre 2 notamment, l'importance accordée au lecteur comme créateur de l'œuvre lui permet de mettre l'accent sur le contexte concret de l'œuvre, sur ses conditions matérielles et historiques de création et de réception. L'œuvre littéraire n'est pas indépendante de son contexte, les caractéristiques permettant de la définir ne sont ni absolues, ni éternelles. L'œuvre ne se définit ni par une certaine idée de ce qu'est la beauté, ni par son sujet, mais d'abord par la façon dont vivent concrètement ceux qui écrivent et ceux qui lisent.

Sartre estime que toutes les œuvres littéraires ne se valent pas. On voit ainsi de quelle façon Sartre fait l'éloge de la littérature du XVIIIe siècle et avec quelle virulence il critique celle du XIXe. Si celle du XVIIIe siècle a plus de valeur à ses yeux que celle du XIXe, c'est d'abord parce qu'elle est plus ancrée dans l'histoire, même si elle ne se pose pas encore la question des conditions matérielles d'existence des hommes et si elle ne thématise pas l'existence concrète du genre humain. Mais surtout, la littérature du XVIIIe est critique, notamment à l'égard de l'ordre établi, raison pour laquelle elle est conçue comme un moment de la négativité. Hérité de Hegel (philosophe allemand, 1770-1831) et repris par Marx, le concept de négativité désigne la négation ou la critique de ce qui a été préalablement affirmé ou posé, ce qui permet l'avènement de quelque chose de nouveau. Chez Marx, le moment du négatif réside dans la révolution prolétarienne, dans la remise en question de l'ordre bourgeois, qui doit permettre l'avènement d'une société sans classes. De même chez Sartre, le moment négatif dans la littérature correspond à une critique de l'ordre établi devant concourir à l'éclosion d'une littérature totale et de l'homme total. Ainsi, le moment du négatif est considéré comme indispensable pour qu'ait lieu le changement, l'avènement d'un moment positif de construction. Cependant, la négativité peut devenir absolue, comme c'est le cas avec les surréalistes. Elle ne permet alors plus de changement, mais stagne au contraire dans la destruction de tout ce qui est.

Si une œuvre se définit d'abord et avant tout par son contexte, la qualité des œuvres littéraires variera en fonction de la société dans laquelle elles sont produites

– la littérature la meilleure ne pouvant advenir que dans une société de type communiste, c'est-à-dire sans classes. L'œuvre alors parlerait à tous et de tout. Ce que Sartre présente comme une utopie positive n'est autre, on l'aura compris, que cette société socialiste et communiste décrite par Marx. De même qu'une telle société devrait chez Marx permettre l'avènement de « l'homme total », elle aboutirait aussi pour Sartre à une « littérature totale ». Il s'agit d'une société parfaitement libre et unie s'exprimant dans une littérature autonome qui s'adresserait à tous et aurait ainsi parfaitement réalisé sa liberté.

EXISTENTIALISME ET LITTÉRATURE

L'existentialisme est un courant philosophique et littéraire dont Sartre est l'un des plus éminents représentants. Dans *L'existentialisme est un humanisme* (1946), Sartre explique que « l'existence » précède l'essence. Il faut comprendre que l'existence concrète d'un individu précède la façon dont on pourra définir cet individu. Rien n'est donné à l'avance : l'homme « est ce qu'il fait » (*Qu'est-ce que la littérature ?*, p. 235). C'est dans l'action et par ses actions que l'homme se définit, se réalise et devient ce qu'il est.

Produire une œuvre littéraire est une action, et par cette action seulement on peut juger l'écrivain. Par son œuvre, l'écrivain s'engage vis-à-vis du monde : il choisit le public pour lequel il veut écrire, le sujet de son œuvre, et est responsable de ce qu'il dit. L'œuvre, comme toute action, pourra donc être dite bonne ou mauvaise, efficace ou vaine. Elle peut être soumise au jugement moral ou pragmatique. On pourra donc évaluer une œuvre par l'action ou l'effet qu'elle aura dans le monde : vise-t-elle la libération des hommes ou leur aliénation ? A-t-elle permis à telle ou telle classe sociale de s'expérimenter comme libre ? Lui a-t-elle permis de prendre conscience d'elle-même et de vouloir changer un monde injuste ?

L'existentialisme est chez Sartre une éthique de la liberté. Toujours dans *L'existentialisme est un humanisme*, Sartre affirme que « nous sommes condamnés à être libres ». Condamnés, parce que, que nous le voulions ou non, nous sommes et demeurons libres, même quand nous invoquons des excuses pour nos actes (ce que Sartre qualifie de « mauvaise foi »). Condamnés aussi, car la conscience de notre liberté sans bornes peut s'avérer vertigineuse et angoissante : nous sommes à chaque instant responsables de ce qui nous arrive et de nos actions. Rien ne peut faire que l'homme cesse d'être responsable.

Du point de vue existentialiste, l'écrivain et son lecteur sont donc des hommes libres. L'originalité de leur situation consiste dans le fait qu'ils sont inséparables l'un de l'autre. Sartre insiste sur ce point : pas d'œuvre et pas d'écrivain sans lecteur. L'œuvre littéraire est donc ce qui permet la mise en relation de deux libertés qui, dans un élan généreux, se font confiance l'une à l'autre et donnent quelque chose d'elles-mêmes. Ainsi, la littérature pourra être conçue comme une action de mise en relation d'hommes libres et responsables. L'écrivain, aux yeux de Sartre, ne peut invoquer, comme le firent par exemple certains romantiques, une inspiration issue d'une force transcendante (Dieu, la nature) et qui guiderait sa main.

Il ne peut non plus prétendre écrire pour lui seul : il écrit toujours pour quelqu'un, pour communiquer quelque chose à quelqu'un. Il faut noter l'originalité et la radicalité de cette conception de la littérature comme communication de plusieurs libertés qui s'inscrit contre la plupart des théories de la littérature existantes, contre « l'art pour l'art » ou l'idée d'un autotélisme de l'œuvre.

Une théorie existentialiste (telle que Sartre l'entend) de la littérature suppose qu'une œuvre est toujours « engagée » : elle est un engagement de son auteur – puisqu'elle est une action résultant d'un choix libre, puisque l'auteur y engage sa liberté et sa responsabilité –, et un appel à l'engagement et à la responsabilité du lecteur – ce qui est le corrélat d'une conception de la littérature comme communication. Dès lors, cela signifie que l'œuvre suffit comme engagement et action politique. L'écrivain n'a nul besoin de militer par ailleurs. Mais surtout, la théorie existentialiste de la littérature de Sartre suppose qu'il n'y a pas d'œuvre qui ne soit engagée. Pour répondre aux critiques que Sartre évoquait en préambule, il n'y pas d'un côté la littérature – considérée comme seule véritable car affranchie des guerres partisanes –, et de l'autre la littérature engagée qui ne serait qu'un moyen pour une fin politique. L'œuvre littéraire est par essence un engagement, que son contenu soit ou non directement partisan. Selon Sartre, l'écrivain est « dans le coup quoi qu'il fasse » (p. 83).

PISTES DE RÉFLEXION

QUELQUES QUESTIONS POUR APPROFONDIR SA RÉFLEXION...

- Les textes de fiction de Jean-Paul Sartre vous semblent-ils illustrer sa théorie de la littérature ? Justifiez.
- La conception de la littérature de Sartre vous semble-t-elle soumise à une orientation idéologique ? Argumentez.
- En reprenant le point de vue de Sartre, déterminez si les œuvres contemporaines que vous connaissez sont abstraites ou concrètes, libres ou aliénées ? Citez des exemples.
- Pensez-vous qu'il soit impossible, comme l'affirme Sartre, d'écrire une « bonne » œuvre qui défend l'assujettissement et non la liberté des hommes, par exemple une œuvre antisémite ?
- Repérez l'ordre de succession des quatre chapitres qui composent le livre. En quoi cet ordre vous parait-il justifié ?
- Montrez en quoi le registre de ce texte peut être dit didactique, mais aussi épidictique et parfois polémique.
- En quoi *Qu'est-ce-que la littérature ?* et *L'existentialisme est un humanisme* sont-ils complémentaires ?
- Résumez en quelques phrases la réponse de Sartre à la question qu'il pose dans le titre de son œuvre : qu'est-ce que la littérature ?
- « L'existence précède l'essence. » Commentez cette célèbre formule sartrienne et montrez quelles sont ses implications dans la vision de la littérature de Sartre.

POUR ALLER PLUS LOIN

ÉDITION DE RÉFÉRENCE

- Sartre J.-P., *Qu'est-ce que la littérature ?*, Paris, Gallimard, coll. « Folio essais », 1948.

ÉTUDES DE RÉFÉRENCE

- Cohen-Solal A., *Jean-Paul Sartre*, Paris, Presses universitaires de France, coll. « Que sais-je ? », 2005.
- Merleau-Ponty M., *Les Aventures de la dialectique*, Paris, Gallimard, coll. « Folio », 2000.

SUR LEPETITLITTÉRAIRE.FR

- Commentaire de la scène 2 du tableau VI des *Mains sales*
- Fiche de lecture sur *Huis clos* de Jean-Paul Sartre
- Fiche de lecture sur *La Nausée* de Jean-Paul Sartre
- Fiche de lecture sur *Les Mains sales* de Jean-Paul Sartre
- Fiche de lecture sur *Les Mots* de Jean-Paul Sartre
- Fiche de lecture sur *Les Mouches* de Jean-Paul Sartre
- Fiche de lecture sur *L'existentialisme est un humanisme* de Jean-Paul Sartre
- Questionnaire de lecture sur *Huis clos*

Retrouvez notre offre complète sur lePetitLittéraire.fr

- des fiches de lectures
- des commentaires littéraires
- des questionnaires de lecture
- des résumés

Anouilh
- Antigone

Austen
- Orgueil et Préjugés

Balzac
- Eugénie Grandet
- Le Père Goriot
- Illusions perdues

Barjavel
- La Nuit des temps

Beaumarchais
- Le Mariage de Figaro

Beckett
- En attendant Godot

Breton
- Nadja

Camus
- La Peste
- Les Justes
- L'Étranger

Carrère
- Limonov

Céline
- Voyage au bout de la nuit

Cervantès
- Don Quichotte de la Manche

Chateaubriand
- Mémoires d'outre-tombe

Choderlos de Laclos
- Les Liaisons dangereuses

Chrétien de Troyes
- Yvain ou le Chevalier au lion

Christie
- Dix Petits Nègres

Claudel
- La Petite Fille de Monsieur Linh
- Le Rapport de Brodeck

Coelho
- L'Alchimiste

Conan Doyle
- Le Chien des Baskerville

Dai Sijie
- Balzac et la Petite Tailleuse chinoise

De Gaulle
- Mémoires de guerre III. Le Salut. 1944-1946

De Vigan
- No et moi

Dicker
- La Vérité sur l'affaire Harry Quebert

Diderot
- Supplément au Voyage de Bougainville

Dumas
- Les Trois Mousquetaires

Énard
- Parlez-leur de batailles, de rois et d'éléphants

Ferrari
- Le Sermon sur la chute de Rome

Flaubert
- Madame Bovary

Frank
- Journal d'Anne Frank

Fred Vargas
- Pars vite et reviens tard

Gary
- La Vie devant soi

GAUDÉ
- La Mort du roi Tsongor
- Le Soleil des Scorta

GAUTIER
- La Morte amoureuse
- Le Capitaine Fracasse

GAVALDA
- 35 kilos d'espoir

GIDE
- Les Faux-Monnayeurs

GIONO
- Le Grand Troupeau
- Le Hussard sur le toit

GIRAUDOUX
- La guerre de Troie n'aura pas lieu

GOLDING
- Sa Majesté des Mouches

GRIMBERT
- Un secret

HEMINGWAY
- Le Vieil Homme et la Mer

HESSEL
- Indignez-vous !

HOMÈRE
- L'Odyssée

HUGO
- Le Dernier Jour d'un condamné
- Les Misérables
- Notre-Dame de Paris

HUXLEY
- Le Meilleur des mondes

IONESCO
- Rhinocéros
- La Cantatrice chauve

JARY
- Ubu roi

JENNI
- L'Art français de la guerre

JOFFO
- Un sac de billes

KAFKA
- La Métamorphose

KEROUAC
- Sur la route

KESSEL
- Le Lion

LARSSON
- Millenium I. Les hommes qui n'aimaient pas les femmes

LE CLÉZIO
- Mondo

LEVI
- Si c'est un homme

LEVY
- Et si c'était vrai...

MAALOUF
- Léon l'Africain

MALRAUX
- La Condition humaine

MARIVAUX
- La Double Inconstance
- Le Jeu de l'amour et du hasard

MARTINEZ
- Du domaine des murmures

MAUPASSANT
- Boule de suif
- Le Horla
- Une vie

MAURIAC
- Le Nœud de vipères

MAURIAC
- Le Sagouin

MÉRIMÉE
- Tamango
- Colomba

MERLE
- La mort est mon métier

MOLIÈRE
- Le Misanthrope
- L'Avare
- Le Bourgeois gentilhomme

MONTAIGNE
- Essais

MORPURGO
- Le Roi Arthur

MUSSET
- Lorenzaccio

MUSSO
- Que serais-je sans toi ?

NOTHOMB
- Stupeur et Tremblements

ORWELL
- La Ferme des animaux
- 1984

PAGNOL
- La Gloire de mon père

PANCOL
- Les Yeux jaunes des crocodiles

PASCAL
- Pensées

PENNAC
- Au bonheur des ogres

POE
- La Chute de la maison Usher

PROUST
- Du côté de chez Swann

QUENEAU
- Zazie dans le métro

QUIGNARD
- Tous les matins du monde

RABELAIS
- Gargantua

RACINE
- Andromaque
- Britannicus
- Phèdre

ROUSSEAU
- Confessions

ROSTAND
- Cyrano de Bergerac

ROWLING
- Harry Potter à l'école des sorciers

SAINT-EXUPÉRY
- Le Petit Prince
- Vol de nuit

SARTRE
- Huis clos
- La Nausée
- Les Mouches

SCHLINK
- Le Liseur

SCHMITT
- La Part de l'autre
- Oscar et la Dame rose

SEPULVEDA
- Le Vieux qui lisait des romans d'amour

SHAKESPEARE
- Roméo et Juliette

SIMENON
- Le Chien jaune

STEEMAN
- L'Assassin habite au 21

STEINBECK
- Des souris et des hommes

STENDHAL
- Le Rouge et le Noir

STEVENSON
- L'Île au trésor

SÜSKIND
- Le Parfum

TOLSTOÏ
- Anna Karénine

TOURNIER
- Vendredi ou la Vie sauvage

TOUSSAINT
- Fuir

UHLMAN
- L'Ami retrouvé

VERNE
- Le Tour du monde en 80 jours
- Vingt mille lieues sous les mers
- Voyage au centre de la terre

VIAN
- L'Écume des jours

VOLTAIRE
- Candide

WELLS
- La Guerre des mondes

YOURCENAR
- Mémoires d'Hadrien

ZOLA
- Au bonheur des dames
- L'Assommoir
- Germinal

ZWEIG
- Le Joueur d'échecs

Et beaucoup d'autres sur lePetitLittéraire.fr

© LePetitLittéraire.fr, 2014. Tous droits réservés.

www.lepetitlitteraire.fr

ISBN version imprimée : 978-2-8062-1230-6
ISBN version numérique : 978-2-8062-2061-5
Dépôt légal : D/2013/12.603/567